# This Cigar Aficionado Log

*Belongs To:*

_____

# EAT.
# SLEEP.
# CIGAR.
# REPEAT.

"I started smoking these little Italian cigars just so there was some of that smell in the air."

Francis Ford Coppola

**TASTE NOTES**

*I'm full bodied & a little leathery... like a fine cigar*

**CIGAR NAME:** _____

**MAKER:** _____  **PRICE:** _____

**ORIGIN:** _____  **DATE:** _____

**LENGTH:** _____  **RING SIZE:** _____

**SHAPE:** _____  **BUY AGAIN?** _____

## AFFIX CIGAR LABEL HERE

### RATING
☆☆☆☆☆

FULL

MED/FULL

MEDIUM

MILD

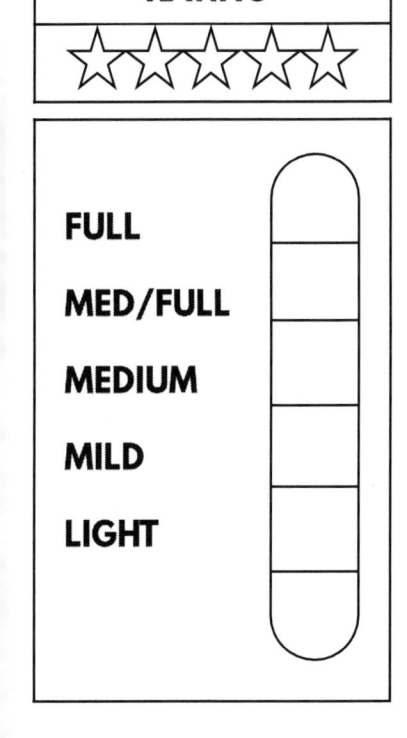

LIGHT

| FLAVOR CHART 0=LEAST 5=MOST | | | | | |
|---|---|---|---|---|---|
| BITTER | | | | | |
| CHOCOLATE | | | | | |
| EARTHY | | | | | |
| FRUITY | | | | | |
| HERBAL | | | | | |
| LEATHER | | | | | |
| NUTTY | | | | | |
| SPICY | | | | | |
| SWEET | | | | | |
| TOFFEE | | | | | |
| TROPICAL | | | | | |
| VANILLA | | | | | |
| WOODY | | | | | |

TASTE NOTES

**CIGAR NAME:** _____

**MAKER:** _____  **PRICE:** _____

**ORIGIN:** _____  **DATE:** _____

**LENGTH:** _____  **RING SIZE:** _____

**SHAPE:** _____  **BUY AGAIN?** _____

### AFFIX CIGAR LABEL HERE

| RATING |
|---|
| ☆ ☆ ☆ ☆ ☆ |

**FULL**
**MED/FULL**
**MEDIUM**
**MILD**
**LIGHT**

| FLAVOR CHART 0=LEAST 5=MOST | | | | | | |
|---|---|---|---|---|---|---|
| BITTER | | | | | | |
| CHOCOLATE | | | | | | |
| EARTHY | | | | | | |
| FRUITY | | | | | | |
| HERBAL | | | | | | |
| LEATHER | | | | | | |
| NUTTY | | | | | | |
| SPICY | | | | | | |
| SWEET | | | | | | |
| TOFFEE | | | | | | |
| TROPICAL | | | | | | |
| VANILLA | | | | | | |
| WOODY | | | | | | |

# TASTE NOTES

*They see me rollin'*

**CIGAR NAME:** _____

**MAKER:** _____  **PRICE:** _____

**ORIGIN:** _____  **DATE:** _____

**LENGTH:** _____  **RING SIZE:** _____

**SHAPE:** _____  **BUY AGAIN?** _____

### AFFIX CIGAR LABEL HERE

| RATING |
|--------|
| ☆☆☆☆☆ |

FULL
MED/FULL
MEDIUM
MILD
LIGHT

| FLAVOR CHART 0=LEAST 5=MOST | | | | | |
|---|---|---|---|---|---|
| BITTER | | | | | |
| CHOCOLATE | | | | | |
| EARTHY | | | | | |
| FRUITY | | | | | |
| HERBAL | | | | | |
| LEATHER | | | | | |
| NUTTY | | | | | |
| SPICY | | | | | |
| SWEET | | | | | |
| TOFFEE | | | | | |
| TROPICAL | | | | | |
| VANILLA | | | | | |
| WOODY | | | | | |

# TASTE NOTES

A CIGAR IN HAND IS BETTER THAN TWO IN THE HUMIDOR

**CIGAR NAME:** _____

**MAKER:** _____  **PRICE:** _____

**ORIGIN:** _____  **DATE:** _____

**LENGTH:** _____  **RING SIZE:** _____

**SHAPE:** _____  **BUY AGAIN?** _____

### AFFIX CIGAR LABEL HERE

| RATING |
|:---:|
| ☆ ☆ ☆ ☆ ☆ |

**FULL**

**MED/FULL**

**MEDIUM**

**MILD**

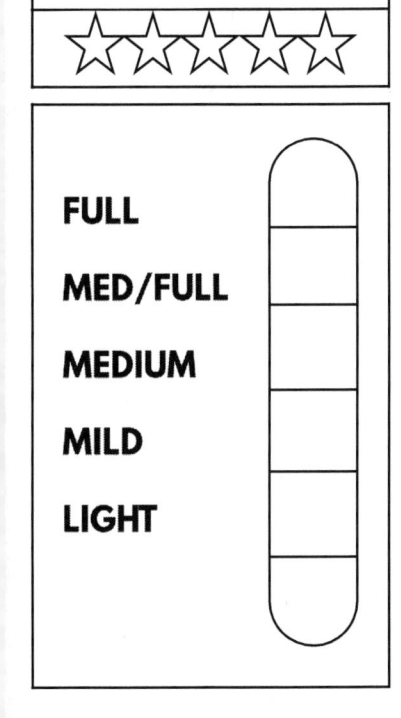

**LIGHT**

| FLAVOR CHART 0=LEAST 5=MOST | | | | | | |
|---|---|---|---|---|---|---|
| BITTER | | | | | | |
| CHOCOLATE | | | | | | |
| EARTHY | | | | | | |
| FRUITY | | | | | | |
| HERBAL | | | | | | |
| LEATHER | | | | | | |
| NUTTY | | | | | | |
| SPICY | | | | | | |
| SWEET | | | | | | |
| TOFFEE | | | | | | |
| TROPICAL | | | | | | |
| VANILLA | | | | | | |
| WOODY | | | | | | |

# TASTE NOTES

**CIGAR NAME:** _____

**MAKER:** _____  **PRICE:** _____

**ORIGIN:** _____  **DATE:** _____

**LENGTH:** _____  **RING SIZE:** _____

**SHAPE:** _____  **BUY AGAIN?** _____

### AFFIX CIGAR LABEL HERE

### RATING
☆☆☆☆☆

- FULL
- MED/FULL
- MEDIUM
- MILD
- LIGHT

| FLAVOR CHART 0=LEAST 5=MOST | | | | | |
|---|---|---|---|---|---|
| BITTER | | | | | |
| CHOCOLATE | | | | | |
| EARTHY | | | | | |
| FRUITY | | | | | |
| HERBAL | | | | | |
| LEATHER | | | | | |
| NUTTY | | | | | |
| SPICY | | | | | |
| SWEET | | | | | |
| TOFFEE | | | | | |
| TROPICAL | | | | | |
| VANILLA | | | | | |
| WOODY | | | | | |

## TASTE NOTES

**CIGAR NAME:** _____

**MAKER:** _____  **PRICE:** _____

**ORIGIN:** _____  **DATE:** _____

**LENGTH:** _____  **RING SIZE:** _____

**SHAPE:** _____  **BUY AGAIN?** _____

### AFFIX CIGAR LABEL HERE

### RATING
☆ ☆ ☆ ☆ ☆

**FULL**

**MED/FULL**

**MEDIUM**

**MILD**

**LIGHT**

| FLAVOR CHART 0=LEAST 5=MOST | | | | |
|---|---|---|---|---|
| BITTER | | | | |
| CHOCOLATE | | | | |
| EARTHY | | | | |
| FRUITY | | | | |
| HERBAL | | | | |
| LEATHER | | | | |
| NUTTY | | | | |
| SPICY | | | | |
| SWEET | | | | |
| TOFFEE | | | | |
| TROPICAL | | | | |
| VANILLA | | | | |
| WOODY | | | | |

**TASTE NOTES**

**REAL MEN SMOKE CIGARS**

**CIGAR NAME:** _____

**MAKER:** _____  **PRICE:** _____

**ORIGIN:** _____  **DATE:** _____

**LENGTH:** _____  **RING SIZE:** _____

**SHAPE:** _____  **BUY AGAIN?** _____

### AFFIX CIGAR LABEL HERE

| RATING |
|---|
| ☆☆☆☆☆ |

**FULL**

**MED/FULL**

**MEDIUM**

**MILD**

**LIGHT**

| FLAVOR CHART 0=LEAST 5=MOST | | | | | | |
|---|---|---|---|---|---|---|
| BITTER | | | | | | |
| CHOCOLATE | | | | | | |
| EARTHY | | | | | | |
| FRUITY | | | | | | |
| HERBAL | | | | | | |
| LEATHER | | | | | | |
| NUTTY | | | | | | |
| SPICY | | | | | | |
| SWEET | | | | | | |
| TOFFEE | | | | | | |
| TROPICAL | | | | | | |
| VANILLA | | | | | | |
| WOODY | | | | | | |

**TASTE NOTES**

**CIGAR NAME:** _____

**MAKER:** _____  **PRICE:** _____

**ORIGIN:** _____  **DATE:** _____

**LENGTH:** _____  **RING SIZE:** _____

**SHAPE:** _____  **BUY AGAIN?** _____

*AFFIX CIGAR LABEL HERE*

| RATING |
|--------|
| ☆☆☆☆☆ |

**FULL**
**MED/FULL**
**MEDIUM**
**MILD**
**LIGHT**

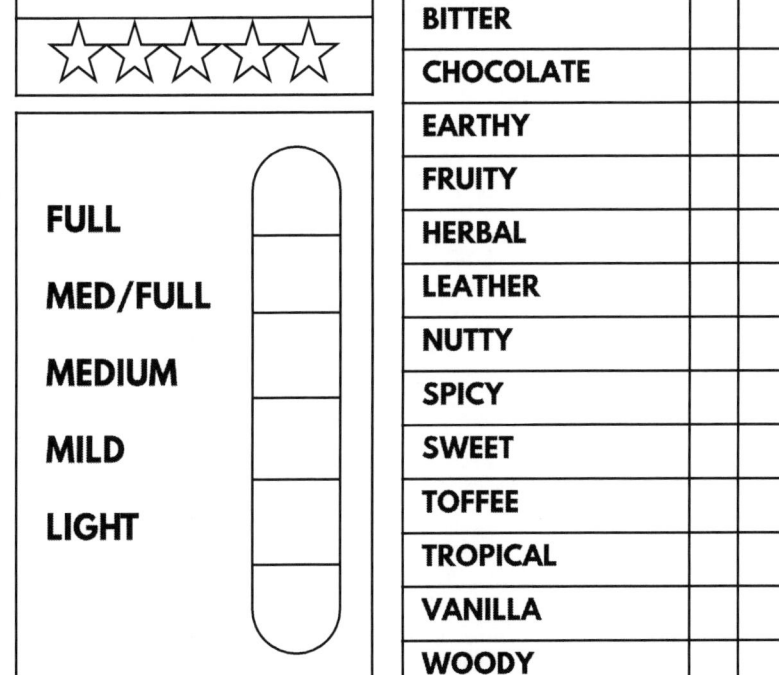

| FLAVOR CHART 0=LEAST 5=MOST | | | | | | |
|---|---|---|---|---|---|---|
| BITTER | | | | | | |
| CHOCOLATE | | | | | | |
| EARTHY | | | | | | |
| FRUITY | | | | | | |
| HERBAL | | | | | | |
| LEATHER | | | | | | |
| NUTTY | | | | | | |
| SPICY | | | | | | |
| SWEET | | | | | | |
| TOFFEE | | | | | | |
| TROPICAL | | | | | | |
| VANILLA | | | | | | |
| WOODY | | | | | | |

# TASTE NOTES

**I'M FULL BODIED & A LITTLE LEATHERY... LIKE A FINE Cigar**

**CIGAR NAME:** _____

**MAKER:** _____  **PRICE:** _____

**ORIGIN:** _____  **DATE:** _____

**LENGTH:** _____  **RING SIZE:** _____

**SHAPE:** _____  **BUY AGAIN?** _____

### AFFIX CIGAR LABEL HERE

| RATING |
|---|
| ☆☆☆☆☆ |

**FULL**

**MED/FULL**

**MEDIUM**

**MILD**

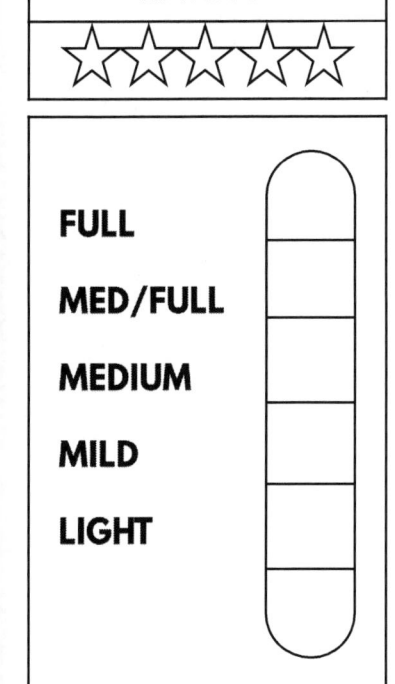

**LIGHT**

| FLAVOR CHART 0=LEAST 5=MOST | | | | | |
|---|---|---|---|---|---|
| BITTER | | | | | |
| CHOCOLATE | | | | | |
| EARTHY | | | | | |
| FRUITY | | | | | |
| HERBAL | | | | | |
| LEATHER | | | | | |
| NUTTY | | | | | |
| SPICY | | | | | |
| SWEET | | | | | |
| TOFFEE | | | | | |
| TROPICAL | | | | | |
| VANILLA | | | | | |
| WOODY | | | | | |

# TASTE NOTES

**CIGAR NAME:** _____

**MAKER:** _____  **PRICE:** _____

**ORIGIN:** _____  **DATE:** _____

**LENGTH:** _____  **RING SIZE:** _____

**SHAPE:** _____  **BUY AGAIN?** _____

### AFFIX CIGAR LABEL HERE

| RATING |
|---|
| ☆ ☆ ☆ ☆ ☆ |

FULL

MED/FULL

MEDIUM

MILD

LIGHT

| FLAVOR CHART 0=LEAST 5=MOST | | | | | | |
|---|---|---|---|---|---|---|
| BITTER | | | | | | |
| CHOCOLATE | | | | | | |
| EARTHY | | | | | | |
| FRUITY | | | | | | |
| HERBAL | | | | | | |
| LEATHER | | | | | | |
| NUTTY | | | | | | |
| SPICY | | | | | | |
| SWEET | | | | | | |
| TOFFEE | | | | | | |
| TROPICAL | | | | | | |
| VANILLA | | | | | | |
| WOODY | | | | | | |

# TASTE NOTES

*They see me rollin'*

**CIGAR NAME:** _____

**MAKER:** _____  **PRICE:** _____

**ORIGIN:** _____  **DATE:** _____

**LENGTH:** _____  **RING SIZE:** _____

**SHAPE:** _____  **BUY AGAIN?** _____

## AFFIX CIGAR LABEL HERE

| RATING |
|--------|
| ☆☆☆☆☆ |

**FULL**

**MED/FULL**

**MEDIUM**

**MILD**

**LIGHT**

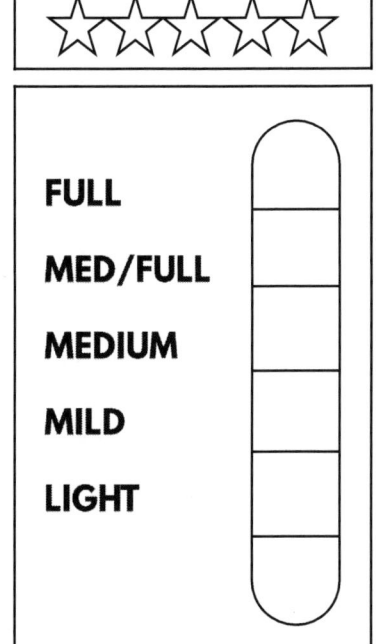

| FLAVOR CHART 0=LEAST 5=MOST | | | | | |
|---|---|---|---|---|---|
| BITTER | | | | | |
| CHOCOLATE | | | | | |
| EARTHY | | | | | |
| FRUITY | | | | | |
| HERBAL | | | | | |
| LEATHER | | | | | |
| NUTTY | | | | | |
| SPICY | | | | | |
| SWEET | | | | | |
| TOFFEE | | | | | |
| TROPICAL | | | | | |
| VANILLA | | | | | |
| WOODY | | | | | |

# TASTE NOTES

*A Cigar in Hand is Better Than Two in the Humidor*

**CIGAR NAME:** _____

**MAKER:** _____  **PRICE:** _____

**ORIGIN:** _____  **DATE:** _____

**LENGTH:** _____  **RING SIZE:** _____

**SHAPE:** _____  **BUY AGAIN?** _____

### AFFIX CIGAR LABEL HERE

| RATING |
|--------|
| ☆☆☆☆☆ |

**FULL**

**MED/FULL**

**MEDIUM**

**MILD**

**LIGHT**

| FLAVOR CHART 0=LEAST 5=MOST | | | | | |
|---|---|---|---|---|---|
| BITTER | | | | | |
| CHOCOLATE | | | | | |
| EARTHY | | | | | |
| FRUITY | | | | | |
| HERBAL | | | | | |
| LEATHER | | | | | |
| NUTTY | | | | | |
| SPICY | | | | | |
| SWEET | | | | | |
| TOFFEE | | | | | |
| TROPICAL | | | | | |
| VANILLA | | | | | |
| WOODY | | | | | |

# TASTE NOTES

**CIGAR NAME:** _____

**MAKER:** _____   **PRICE:** _____

**ORIGIN:** _____   **DATE:** _____

**LENGTH:** _____   **RING SIZE:** _____

**SHAPE:** _____   **BUY AGAIN?** _____

### AFFIX CIGAR LABEL HERE

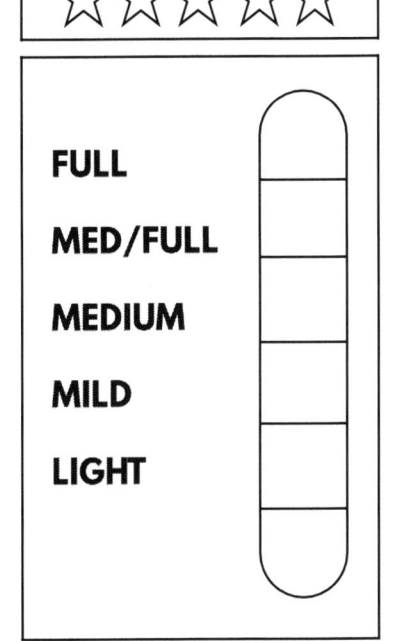

| RATING |
|---|
| ☆☆☆☆☆ |

- FULL
- MED/FULL
- MEDIUM
- MILD
- LIGHT

| FLAVOR CHART 0=LEAST 5=MOST | | | | | |
|---|---|---|---|---|---|
| BITTER | | | | | |
| CHOCOLATE | | | | | |
| EARTHY | | | | | |
| FRUITY | | | | | |
| HERBAL | | | | | |
| LEATHER | | | | | |
| NUTTY | | | | | |
| SPICY | | | | | |
| SWEET | | | | | |
| TOFFEE | | | | | |
| TROPICAL | | | | | |
| VANILLA | | | | | |
| WOODY | | | | | |

# TASTE NOTES

**CIGAR NAME:** _____

**MAKER:** _____  **PRICE:** _____

**ORIGIN:** _____  **DATE:** _____

**LENGTH:** _____  **RING SIZE:** _____

**SHAPE:** _____  **BUY AGAIN?** _____

### AFFIX CIGAR LABEL HERE

| RATING |
|:---:|
| ☆☆☆☆☆ |

FULL
MED/FULL
MEDIUM
MILD
LIGHT

| FLAVOR CHART 0=LEAST 5=MOST | | | | | | |
|---|---|---|---|---|---|---|
| BITTER | | | | | | |
| CHOCOLATE | | | | | | |
| EARTHY | | | | | | |
| FRUITY | | | | | | |
| HERBAL | | | | | | |
| LEATHER | | | | | | |
| NUTTY | | | | | | |
| SPICY | | | | | | |
| SWEET | | | | | | |
| TOFFEE | | | | | | |
| TROPICAL | | | | | | |
| VANILLA | | | | | | |
| WOODY | | | | | | |

# TASTE NOTES

**REAL MEN SMOKE CIGARS**

**CIGAR NAME:** _____

**MAKER:** _____  **PRICE:** _____

**ORIGIN:** _____  **DATE:** _____

**LENGTH:** _____  **RING SIZE:** _____

**SHAPE:** _____  **BUY AGAIN?** _____

## AFFIX CIGAR LABEL HERE

| RATING |
|--------|
| ☆☆☆☆☆ |

**FULL**
**MED/FULL**
**MEDIUM**
**MILD**
**LIGHT**

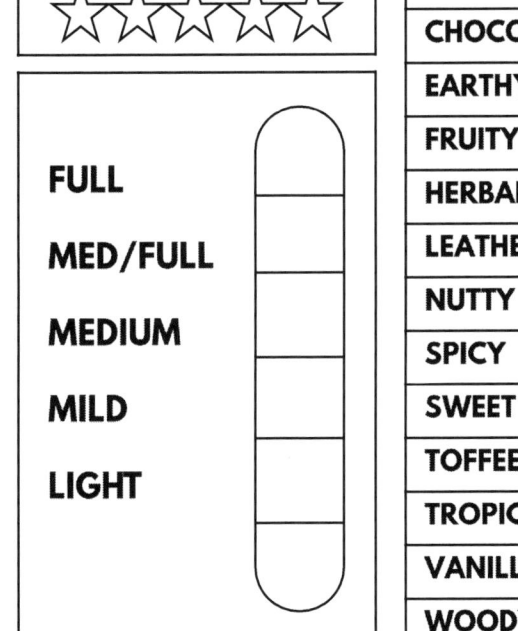

| FLAVOR CHART 0=LEAST 5=MOST | | | | | |
|---|---|---|---|---|---|
| BITTER | | | | | |
| CHOCOLATE | | | | | |
| EARTHY | | | | | |
| FRUITY | | | | | |
| HERBAL | | | | | |
| LEATHER | | | | | |
| NUTTY | | | | | |
| SPICY | | | | | |
| SWEET | | | | | |
| TOFFEE | | | | | |
| TROPICAL | | | | | |
| VANILLA | | | | | |
| WOODY | | | | | |

**TASTE NOTES**

**CIGAR NAME:** _____

**MAKER:** _____  **PRICE:** _____

**ORIGIN:** _____  **DATE:** _____

**LENGTH:** _____  **RING SIZE:** _____

**SHAPE:** _____  **BUY AGAIN?** _____

### AFFIX CIGAR LABEL HERE

| RATING |
|---|
| ☆☆☆☆☆ |

**FULL**

**MED/FULL**

**MEDIUM**

**MILD**

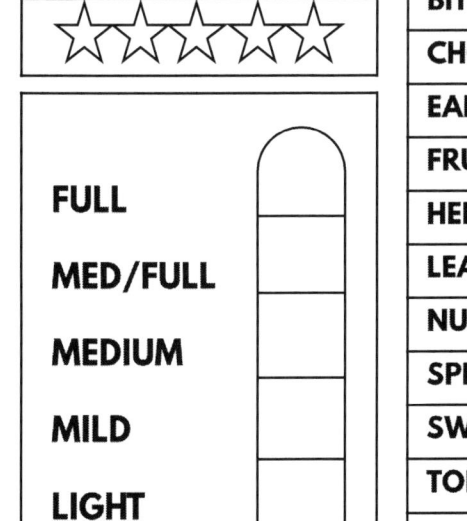

**LIGHT**

| FLAVOR CHART 0=LEAST 5=MOST | | | | | | |
|---|---|---|---|---|---|---|
| BITTER | | | | | | |
| CHOCOLATE | | | | | | |
| EARTHY | | | | | | |
| FRUITY | | | | | | |
| HERBAL | | | | | | |
| LEATHER | | | | | | |
| NUTTY | | | | | | |
| SPICY | | | | | | |
| SWEET | | | | | | |
| TOFFEE | | | | | | |
| TROPICAL | | | | | | |
| VANILLA | | | | | | |
| WOODY | | | | | | |

# TASTE NOTES

I'M FULL BODIED & A LITTLE LEATHERY... LIKE A FINE Cigar

**CIGAR NAME:** _____

**MAKER:** _____  **PRICE:** _____

**ORIGIN:** _____  **DATE:** _____

**LENGTH:** _____  **RING SIZE:** _____

**SHAPE:** _____  **BUY AGAIN?** _____

### AFFIX CIGAR LABEL HERE

### RATING
☆☆☆☆☆

- FULL
- MED/FULL
- MEDIUM
- MILD
- LIGHT

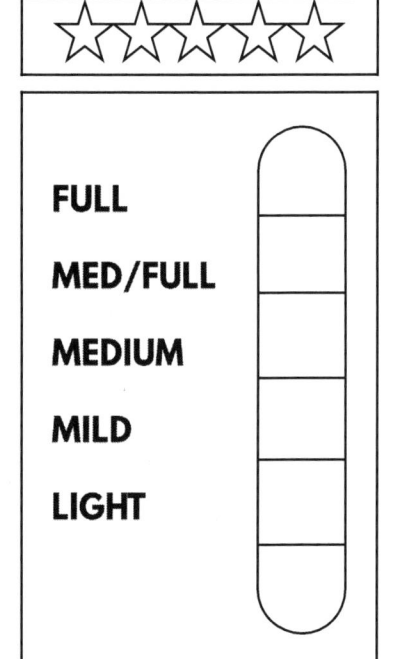

| FLAVOR CHART 0=LEAST 5=MOST | | | | | | |
|---|---|---|---|---|---|---|
| BITTER | | | | | | |
| CHOCOLATE | | | | | | |
| EARTHY | | | | | | |
| FRUITY | | | | | | |
| HERBAL | | | | | | |
| LEATHER | | | | | | |
| NUTTY | | | | | | |
| SPICY | | | | | | |
| SWEET | | | | | | |
| TOFFEE | | | | | | |
| TROPICAL | | | | | | |
| VANILLA | | | | | | |
| WOODY | | | | | | |

# TASTE NOTES

**CIGAR NAME:** _____

**MAKER:** _____  **PRICE:** _____

**ORIGIN:** _____  **DATE:** _____

**LENGTH:** _____  **RING SIZE:** _____

**SHAPE:** _____  **BUY AGAIN?** _____

## AFFIX CIGAR LABEL HERE

| RATING |
|---|
| ☆☆☆☆☆ |

FULL
MED/FULL
MEDIUM
MILD
LIGHT

| FLAVOR CHART 0=LEAST 5=MOST | | | | | |
|---|---|---|---|---|---|
| BITTER | | | | | |
| CHOCOLATE | | | | | |
| EARTHY | | | | | |
| FRUITY | | | | | |
| HERBAL | | | | | |
| LEATHER | | | | | |
| NUTTY | | | | | |
| SPICY | | | | | |
| SWEET | | | | | |
| TOFFEE | | | | | |
| TROPICAL | | | | | |
| VANILLA | | | | | |
| WOODY | | | | | |

# TASTE NOTES

*They see me rollin'*

**CIGAR NAME:** _____

**MAKER:** _____  **PRICE:** _____

**ORIGIN:** _____  **DATE:** _____

**LENGTH:** _____  **RING SIZE:** _____

**SHAPE:** _____  **BUY AGAIN?** _____

### AFFIX CIGAR LABEL HERE

| RATING |
|:---:|
| ☆ ☆ ☆ ☆ ☆ |

FULL

MED/FULL

MEDIUM

MILD

LIGHT

| FLAVOR CHART 0=LEAST 5=MOST | | | | |
|---|---|---|---|---|
| BITTER | | | | |
| CHOCOLATE | | | | |
| EARTHY | | | | |
| FRUITY | | | | |
| HERBAL | | | | |
| LEATHER | | | | |
| NUTTY | | | | |
| SPICY | | | | |
| SWEET | | | | |
| TOFFEE | | | | |
| TROPICAL | | | | |
| VANILLA | | | | |
| WOODY | | | | |

**TASTE NOTES**

_____

_____

_____

_____

_____

_____

_____

_____

_____

_____

_____

_____

_____

_____

A Cigar IN HAND IS BETTER THAN TWO IN THE HUMIDOR

**CIGAR NAME:** _____

**MAKER:** _____  **PRICE:** _____

**ORIGIN:** _____  **DATE:** _____

**LENGTH:** _____  **RING SIZE:** _____

**SHAPE:** _____  **BUY AGAIN?** _____

### AFFIX CIGAR LABEL HERE

| RATING |
|---|
| ☆ ☆ ☆ ☆ ☆ |

**FULL**

**MED/FULL**

**MEDIUM**

**MILD**

**LIGHT**

| FLAVOR CHART 0=LEAST 5=MOST | | | | | | |
|---|---|---|---|---|---|---|
| BITTER | | | | | | |
| CHOCOLATE | | | | | | |
| EARTHY | | | | | | |
| FRUITY | | | | | | |
| HERBAL | | | | | | |
| LEATHER | | | | | | |
| NUTTY | | | | | | |
| SPICY | | | | | | |
| SWEET | | | | | | |
| TOFFEE | | | | | | |
| TROPICAL | | | | | | |
| VANILLA | | | | | | |
| WOODY | | | | | | |

# TASTE NOTES

**CIGAR NAME:** _____

**MAKER:** _____  **PRICE:** _____

**ORIGIN:** _____  **DATE:** _____

**LENGTH:** _____  **RING SIZE:** _____

**SHAPE:** _____  **BUY AGAIN?** _____

### AFFIX CIGAR LABEL HERE

| RATING |
|---|
| ☆ ☆ ☆ ☆ ☆ |

**FULL**

**MED/FULL**

**MEDIUM**

**MILD**

**LIGHT**

| FLAVOR CHART 0=LEAST 5=MOST | | | | | | |
|---|---|---|---|---|---|---|
| BITTER | | | | | | |
| CHOCOLATE | | | | | | |
| EARTHY | | | | | | |
| FRUITY | | | | | | |
| HERBAL | | | | | | |
| LEATHER | | | | | | |
| NUTTY | | | | | | |
| SPICY | | | | | | |
| SWEET | | | | | | |
| TOFFEE | | | | | | |
| TROPICAL | | | | | | |
| VANILLA | | | | | | |
| WOODY | | | | | | |

# TASTE NOTES

## me time

**CIGAR NAME:** _____

**MAKER:** _____  **PRICE:** _____

**ORIGIN:** _____  **DATE:** _____

**LENGTH:** _____  **RING SIZE:** _____

**SHAPE:** _____  **BUY AGAIN?** _____

### AFFIX CIGAR LABEL HERE

**RATING**
☆☆☆☆☆

FULL
MED/FULL
MEDIUM
MILD
LIGHT

| FLAVOR CHART 0=LEAST 5=MOST | | | | | |
|---|---|---|---|---|---|
| BITTER | | | | | |
| CHOCOLATE | | | | | |
| EARTHY | | | | | |
| FRUITY | | | | | |
| HERBAL | | | | | |
| LEATHER | | | | | |
| NUTTY | | | | | |
| SPICY | | | | | |
| SWEET | | | | | |
| TOFFEE | | | | | |
| TROPICAL | | | | | |
| VANILLA | | | | | |
| WOODY | | | | | |

**TASTE NOTES**

**CIGAR NAME:** _____

**MAKER:** _____  **PRICE:** _____

**ORIGIN:** _____  **DATE:** _____

**LENGTH:** _____  **RING SIZE:** _____

**SHAPE:** _____  **BUY AGAIN?** _____

## AFFIX CIGAR LABEL HERE

### RATING
☆ ☆ ☆ ☆ ☆

**FULL**

**MED/FULL**

**MEDIUM**

**MILD**

**LIGHT**

| FLAVOR CHART 0=LEAST 5=MOST | | | | | |
|---|---|---|---|---|---|
| BITTER | | | | | |
| CHOCOLATE | | | | | |
| EARTHY | | | | | |
| FRUITY | | | | | |
| HERBAL | | | | | |
| LEATHER | | | | | |
| NUTTY | | | | | |
| SPICY | | | | | |
| SWEET | | | | | |
| TOFFEE | | | | | |
| TROPICAL | | | | | |
| VANILLA | | | | | |
| WOODY | | | | | |

# TASTE NOTES

*If it involves Cigars count me in*

**CIGAR NAME:** _____

**MAKER:** _____  **PRICE:** _____

**ORIGIN:** _____  **DATE:** _____

**LENGTH:** _____  **RING SIZE:** _____

**SHAPE:** _____  **BUY AGAIN?** _____

### AFFIX CIGAR LABEL HERE

| RATING |
|:---:|
| ☆☆☆☆☆ |

**FULL**

**MED/FULL**

**MEDIUM**

**MILD**

**LIGHT**

| FLAVOR CHART 0=LEAST 5=MOST | | | | | |
|---|---|---|---|---|---|
| BITTER | | | | | |
| CHOCOLATE | | | | | |
| EARTHY | | | | | |
| FRUITY | | | | | |
| HERBAL | | | | | |
| LEATHER | | | | | |
| NUTTY | | | | | |
| SPICY | | | | | |
| SWEET | | | | | |
| TOFFEE | | | | | |
| TROPICAL | | | | | |
| VANILLA | | | | | |
| WOODY | | | | | |

# TASTE NOTES

I'M FULL BODIED & A LITTLE LEATHERY... LIKE A FINE Cigar

**CIGAR NAME:** _____

| | | | |
|---|---|---|---|
| **MAKER:** | _____ | **PRICE:** | _____ |
| **ORIGIN:** | _____ | **DATE:** | _____ |
| **LENGTH:** | _____ | **RING SIZE:** | _____ |
| **SHAPE:** | _____ | **BUY AGAIN?** | _____ |

### AFFIX CIGAR LABEL HERE

**RATING**
☆☆☆☆☆

FULL
MED/FULL
MEDIUM
MILD
LIGHT

| FLAVOR CHART 0=LEAST 5=MOST | | | | | | |
|---|---|---|---|---|---|---|
| BITTER | | | | | | |
| CHOCOLATE | | | | | | |
| EARTHY | | | | | | |
| FRUITY | | | | | | |
| HERBAL | | | | | | |
| LEATHER | | | | | | |
| NUTTY | | | | | | |
| SPICY | | | | | | |
| SWEET | | | | | | |
| TOFFEE | | | | | | |
| TROPICAL | | | | | | |
| VANILLA | | | | | | |
| WOODY | | | | | | |

# TASTE NOTES

**CIGAR NAME:** _____

**MAKER:** _____   **PRICE:** _____

**ORIGIN:** _____   **DATE:** _____

**LENGTH:** _____   **RING SIZE:** _____

**SHAPE:** _____   **BUY AGAIN?** _____

### AFFIX CIGAR LABEL HERE

### RATING
☆☆☆☆☆

- FULL
- MED/FULL
- MEDIUM
- MILD
- LIGHT

| FLAVOR CHART 0=LEAST 5=MOST | | | | | |
|---|---|---|---|---|---|
| BITTER | | | | | |
| CHOCOLATE | | | | | |
| EARTHY | | | | | |
| FRUITY | | | | | |
| HERBAL | | | | | |
| LEATHER | | | | | |
| NUTTY | | | | | |
| SPICY | | | | | |
| SWEET | | | | | |
| TOFFEE | | | | | |
| TROPICAL | | | | | |
| VANILLA | | | | | |
| WOODY | | | | | |

# TASTE NOTES

*They see me rollin'*

**CIGAR NAME:** _____

**MAKER:** _____  **PRICE:** _____

**ORIGIN:** _____  **DATE:** _____

**LENGTH:** _____  **RING SIZE:** _____

**SHAPE:** _____  **BUY AGAIN?** _____

### AFFIX CIGAR LABEL HERE

## RATING
☆☆☆☆☆

- FULL
- MED/FULL
- MEDIUM
- MILD
- LIGHT

| FLAVOR CHART 0=LEAST 5=MOST | | | | | |
|---|---|---|---|---|---|
| BITTER | | | | | |
| CHOCOLATE | | | | | |
| EARTHY | | | | | |
| FRUITY | | | | | |
| HERBAL | | | | | |
| LEATHER | | | | | |
| NUTTY | | | | | |
| SPICY | | | | | |
| SWEET | | | | | |
| TOFFEE | | | | | |
| TROPICAL | | | | | |
| VANILLA | | | | | |
| WOODY | | | | | |

# TASTE NOTES

*A Cigar in Hand is Better Than Two in the Humidor*

**CIGAR NAME:** _____

**MAKER:** _____  **PRICE:** _____

**ORIGIN:** _____  **DATE:** _____

**LENGTH:** _____  **RING SIZE:** _____

**SHAPE:** _____  **BUY AGAIN?** _____

### AFFIX CIGAR LABEL HERE

## RATING
☆☆☆☆☆

FULL
MED/FULL
MEDIUM
MILD
LIGHT

| FLAVOR CHART 0=LEAST 5=MOST | | | | | |
|---|---|---|---|---|---|
| BITTER | | | | | |
| CHOCOLATE | | | | | |
| EARTHY | | | | | |
| FRUITY | | | | | |
| HERBAL | | | | | |
| LEATHER | | | | | |
| NUTTY | | | | | |
| SPICY | | | | | |
| SWEET | | | | | |
| TOFFEE | | | | | |
| TROPICAL | | | | | |
| VANILLA | | | | | |
| WOODY | | | | | |

# TASTE NOTES

**CIGAR NAME:** _____

**MAKER:** _____  **PRICE:** _____

**ORIGIN:** _____  **DATE:** _____

**LENGTH:** _____  **RING SIZE:** _____

**SHAPE:** _____  **BUY AGAIN?** _____

### AFFIX CIGAR LABEL HERE

### RATING
☆ ☆ ☆ ☆ ☆

FULL
MED/FULL
MEDIUM
MILD
LIGHT

| FLAVOR CHART 0=LEAST 5=MOST | | | | | |
|---|---|---|---|---|---|
| BITTER | | | | | |
| CHOCOLATE | | | | | |
| EARTHY | | | | | |
| FRUITY | | | | | |
| HERBAL | | | | | |
| LEATHER | | | | | |
| NUTTY | | | | | |
| SPICY | | | | | |
| SWEET | | | | | |
| TOFFEE | | | | | |
| TROPICAL | | | | | |
| VANILLA | | | | | |
| WOODY | | | | | |

# TASTE NOTES

**CIGAR NAME:** _____

**MAKER:** _____  **PRICE:** _____

**ORIGIN:** _____  **DATE:** _____

**LENGTH:** _____  **RING SIZE:** _____

**SHAPE:** _____  **BUY AGAIN?** _____

### AFFIX CIGAR LABEL HERE

| RATING |
|---|
| ☆ ☆ ☆ ☆ ☆ |

**FULL**

**MED/FULL**

**MEDIUM**

**MILD**

**LIGHT**

| FLAVOR CHART 0=LEAST 5=MOST | | | | | | |
|---|---|---|---|---|---|---|
| BITTER | | | | | | |
| CHOCOLATE | | | | | | |
| EARTHY | | | | | | |
| FRUITY | | | | | | |
| HERBAL | | | | | | |
| LEATHER | | | | | | |
| NUTTY | | | | | | |
| SPICY | | | | | | |
| SWEET | | | | | | |
| TOFFEE | | | | | | |
| TROPICAL | | | | | | |
| VANILLA | | | | | | |
| WOODY | | | | | | |

**TASTE NOTES**

---

**REAL MEN SMOKE CIGARS**

**CIGAR NAME:** _____

**MAKER:** _____  **PRICE:** _____

**ORIGIN:** _____  **DATE:** _____

**LENGTH:** _____  **RING SIZE:** _____

**SHAPE:** _____  **BUY AGAIN?** _____

### AFFIX CIGAR LABEL HERE

| RATING |
|---|
| ☆☆☆☆☆ |

**FULL**

**MED/FULL**

**MEDIUM**

**MILD**

**LIGHT**

| FLAVOR CHART 0=LEAST 5=MOST | | | | | |
|---|---|---|---|---|---|
| BITTER | | | | | |
| CHOCOLATE | | | | | |
| EARTHY | | | | | |
| FRUITY | | | | | |
| HERBAL | | | | | |
| LEATHER | | | | | |
| NUTTY | | | | | |
| SPICY | | | | | |
| SWEET | | | | | |
| TOFFEE | | | | | |
| TROPICAL | | | | | |
| VANILLA | | | | | |
| WOODY | | | | | |

# TASTE NOTES

**IF IT INVOLVES Cigars COUNT ME IN**

**CIGAR NAME:** _____

**MAKER:** _____  **PRICE:** _____

**ORIGIN:** _____  **DATE:** _____

**LENGTH:** _____  **RING SIZE:** _____

**SHAPE:** _____  **BUY AGAIN?** _____

### AFFIX CIGAR LABEL HERE

**RATING**
☆☆☆☆☆

FULL
MED/FULL
MEDIUM
MILD
LIGHT

| FLAVOR CHART 0=LEAST 5=MOST | | | | | |
|---|---|---|---|---|---|
| BITTER | | | | | |
| CHOCOLATE | | | | | |
| EARTHY | | | | | |
| FRUITY | | | | | |
| HERBAL | | | | | |
| LEATHER | | | | | |
| NUTTY | | | | | |
| SPICY | | | | | |
| SWEET | | | | | |
| TOFFEE | | | | | |
| TROPICAL | | | | | |
| VANILLA | | | | | |
| WOODY | | | | | |

# TASTE NOTES

I'M FULL BODIED & A LITTLE LEATHERY... LIKE A FINE Cigar

**CIGAR NAME:** _____

**MAKER:** _____  **PRICE:** _____

**ORIGIN:** _____  **DATE:** _____

**LENGTH:** _____  **RING SIZE:** _____

**SHAPE:** _____  **BUY AGAIN?** _____

### AFFIX CIGAR LABEL HERE

| RATING |
|---|
| ☆☆☆☆☆ |

FULL
MED/FULL
MEDIUM
MILD
LIGHT

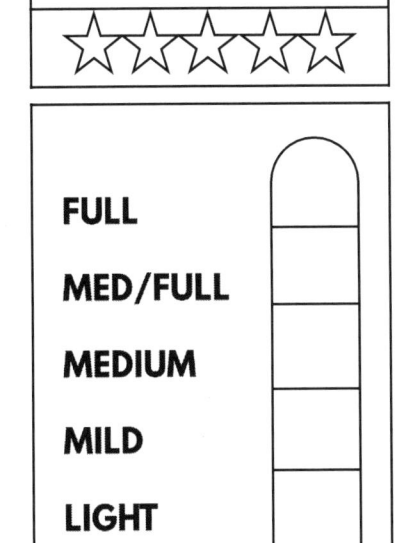

| FLAVOR CHART 0=LEAST 5=MOST | | | | | |
|---|---|---|---|---|---|
| BITTER | | | | | |
| CHOCOLATE | | | | | |
| EARTHY | | | | | |
| FRUITY | | | | | |
| HERBAL | | | | | |
| LEATHER | | | | | |
| NUTTY | | | | | |
| SPICY | | | | | |
| SWEET | | | | | |
| TOFFEE | | | | | |
| TROPICAL | | | | | |
| VANILLA | | | | | |
| WOODY | | | | | |

# TASTE NOTES

# Cigar aficionado

**CIGAR NAME:** _____

**MAKER:** _____     **PRICE:** _____

**ORIGIN:** _____     **DATE:** _____

**LENGTH:** _____     **RING SIZE:** _____

**SHAPE:** _____     **BUY AGAIN?** _____

### AFFIX CIGAR LABEL HERE

| RATING |
|--------|
| ☆☆☆☆☆ |

FULL
MED/FULL
MEDIUM
MILD
LIGHT

| FLAVOR CHART 0=LEAST 5=MOST | | | | | | |
|---|---|---|---|---|---|---|
| BITTER | | | | | | |
| CHOCOLATE | | | | | | |
| EARTHY | | | | | | |
| FRUITY | | | | | | |
| HERBAL | | | | | | |
| LEATHER | | | | | | |
| NUTTY | | | | | | |
| SPICY | | | | | | |
| SWEET | | | | | | |
| TOFFEE | | | | | | |
| TROPICAL | | | | | | |
| VANILLA | | | | | | |
| WOODY | | | | | | |

# TASTE NOTES

*They see me rollin'*

**CIGAR NAME:** _____

**MAKER:** _____  **PRICE:** _____

**ORIGIN:** _____  **DATE:** _____

**LENGTH:** _____  **RING SIZE:** _____

**SHAPE:** _____  **BUY AGAIN?** _____

## AFFIX CIGAR LABEL HERE

| RATING |
|--------|
| ☆☆☆☆☆ |

FULL
MED/FULL
MEDIUM
MILD
LIGHT

| FLAVOR CHART 0=LEAST 5=MOST | | | | | |
|---|---|---|---|---|---|
| BITTER | | | | | |
| CHOCOLATE | | | | | |
| EARTHY | | | | | |
| FRUITY | | | | | |
| HERBAL | | | | | |
| LEATHER | | | | | |
| NUTTY | | | | | |
| SPICY | | | | | |
| SWEET | | | | | |
| TOFFEE | | | | | |
| TROPICAL | | | | | |
| VANILLA | | | | | |
| WOODY | | | | | |

# TASTE NOTES

A CIGAR IN HAND IS BETTER THAN TWO IN THE HUMIDOR

**CIGAR NAME:** _____

**MAKER:** _____ **PRICE:** _____

**ORIGIN:** _____ **DATE:** _____

**LENGTH:** _____ **RING SIZE:** _____

**SHAPE:** _____ **BUY AGAIN?** _____

### AFFIX CIGAR LABEL HERE

| RATING |
|---|
| ☆☆☆☆☆ |

FULL
MED/FULL
MEDIUM
MILD
LIGHT

| FLAVOR CHART 0=LEAST 5=MOST | | | | | | |
|---|---|---|---|---|---|---|
| BITTER | | | | | | |
| CHOCOLATE | | | | | | |
| EARTHY | | | | | | |
| FRUITY | | | | | | |
| HERBAL | | | | | | |
| LEATHER | | | | | | |
| NUTTY | | | | | | |
| SPICY | | | | | | |
| SWEET | | | | | | |
| TOFFEE | | | | | | |
| TROPICAL | | | | | | |
| VANILLA | | | | | | |
| WOODY | | | | | | |

# TASTE NOTES

**CIGAR NAME:** _____

**MAKER:** _____  **PRICE:** _____

**ORIGIN:** _____  **DATE:** _____

**LENGTH:** _____  **RING SIZE:** _____

**SHAPE:** _____  **BUY AGAIN?** _____

### AFFIX CIGAR LABEL HERE

## RATING
☆☆☆☆☆

**FULL**
**MED/FULL**
**MEDIUM**
**MILD**
**LIGHT**

| FLAVOR CHART 0=LEAST 5=MOST | | | | | |
|---|---|---|---|---|---|
| BITTER | | | | | |
| CHOCOLATE | | | | | |
| EARTHY | | | | | |
| FRUITY | | | | | |
| HERBAL | | | | | |
| LEATHER | | | | | |
| NUTTY | | | | | |
| SPICY | | | | | |
| SWEET | | | | | |
| TOFFEE | | | | | |
| TROPICAL | | | | | |
| VANILLA | | | | | |
| WOODY | | | | | |

# TASTE NOTES

**CIGAR NAME:** _____

**MAKER:** _____  **PRICE:** _____

**ORIGIN:** _____  **DATE:** _____

**LENGTH:** _____  **RING SIZE:** _____

**SHAPE:** _____  **BUY AGAIN?** _____

### AFFIX CIGAR LABEL HERE

### RATING
☆☆☆☆☆

FULL
MED/FULL
MEDIUM
MILD
LIGHT

| FLAVOR CHART 0=LEAST 5=MOST | | | | | |
|---|---|---|---|---|---|
| BITTER | | | | | |
| CHOCOLATE | | | | | |
| EARTHY | | | | | |
| FRUITY | | | | | |
| HERBAL | | | | | |
| LEATHER | | | | | |
| NUTTY | | | | | |
| SPICY | | | | | |
| SWEET | | | | | |
| TOFFEE | | | | | |
| TROPICAL | | | | | |
| VANILLA | | | | | |
| WOODY | | | | | |

**TASTE NOTES**

---

**REAL MEN SMOKE CIGARS**

**CIGAR NAME:** _____

**MAKER:** _____  **PRICE:** _____

**ORIGIN:** _____  **DATE:** _____

**LENGTH:** _____  **RING SIZE:** _____

**SHAPE:** _____  **BUY AGAIN?** _____

### AFFIX CIGAR LABEL HERE

| RATING |
|---|
| ☆☆☆☆☆ |

**FULL**

**MED/FULL**

**MEDIUM**

**MILD**

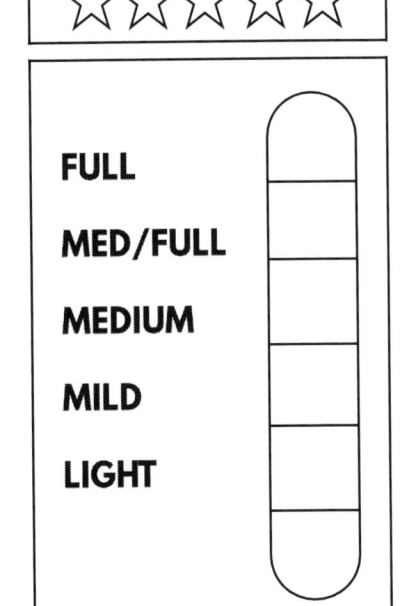

**LIGHT**

| FLAVOR CHART 0=LEAST 5=MOST | | | | | | |
|---|---|---|---|---|---|---|
| BITTER | | | | | | |
| CHOCOLATE | | | | | | |
| EARTHY | | | | | | |
| FRUITY | | | | | | |
| HERBAL | | | | | | |
| LEATHER | | | | | | |
| NUTTY | | | | | | |
| SPICY | | | | | | |
| SWEET | | | | | | |
| TOFFEE | | | | | | |
| TROPICAL | | | | | | |
| VANILLA | | | | | | |
| WOODY | | | | | | |

**TASTE NOTES**

**CIGAR NAME:** _____

**MAKER:** _____  **PRICE:** _____

**ORIGIN:** _____  **DATE:** _____

**LENGTH:** _____  **RING SIZE:** _____

**SHAPE:** _____  **BUY AGAIN?** _____

AFFIX CIGAR LABEL HERE

| RATING |
|--------|
| ☆ ☆ ☆ ☆ ☆ |

FULL

MED/FULL

MEDIUM

MILD

LIGHT

| FLAVOR CHART 0=LEAST 5=MOST | | | | | | |
|---|---|---|---|---|---|---|
| BITTER | | | | | | |
| CHOCOLATE | | | | | | |
| EARTHY | | | | | | |
| FRUITY | | | | | | |
| HERBAL | | | | | | |
| LEATHER | | | | | | |
| NUTTY | | | | | | |
| SPICY | | | | | | |
| SWEET | | | | | | |
| TOFFEE | | | | | | |
| TROPICAL | | | | | | |
| VANILLA | | | | | | |
| WOODY | | | | | | |

# TASTE NOTES

I'M FULL BODIED & A LITTLE LEATHERY... LIKE A FINE Cigar

**CIGAR NAME:** _____

**MAKER:** _____  **PRICE:** _____

**ORIGIN:** _____  **DATE:** _____

**LENGTH:** _____  **RING SIZE:** _____

**SHAPE:** _____  **BUY AGAIN?** _____

## AFFIX CIGAR LABEL HERE

### RATING
☆ ☆ ☆ ☆ ☆

- FULL
- MED/FULL
- MEDIUM
- MILD
- LIGHT

| FLAVOR CHART 0=LEAST 5=MOST | | | | | | |
|---|---|---|---|---|---|---|
| BITTER | | | | | | |
| CHOCOLATE | | | | | | |
| EARTHY | | | | | | |
| FRUITY | | | | | | |
| HERBAL | | | | | | |
| LEATHER | | | | | | |
| NUTTY | | | | | | |
| SPICY | | | | | | |
| SWEET | | | | | | |
| TOFFEE | | | | | | |
| TROPICAL | | | | | | |
| VANILLA | | | | | | |
| WOODY | | | | | | |

# TASTE NOTES

# Cigar aficionado

**CIGAR NAME:** _____

**MAKER:** _____    **PRICE:** _____

**ORIGIN:** _____    **DATE:** _____

**LENGTH:** _____   **RING SIZE:** _____

**SHAPE:** _____    **BUY AGAIN?** _____

### AFFIX CIGAR LABEL HERE

| RATING |
|---|
| ☆☆☆☆☆ |

**FULL**
**MED/FULL**
**MEDIUM**
**MILD**
**LIGHT**

| FLAVOR CHART 0=LEAST 5=MOST | | | | | | |
|---|---|---|---|---|---|---|
| BITTER | | | | | | |
| CHOCOLATE | | | | | | |
| EARTHY | | | | | | |
| FRUITY | | | | | | |
| HERBAL | | | | | | |
| LEATHER | | | | | | |
| NUTTY | | | | | | |
| SPICY | | | | | | |
| SWEET | | | | | | |
| TOFFEE | | | | | | |
| TROPICAL | | | | | | |
| VANILLA | | | | | | |
| WOODY | | | | | | |

# TASTE NOTES

**They see me rollin'**

**CIGAR NAME:** _____

**MAKER:** _____  **PRICE:** _____

**ORIGIN:** _____  **DATE:** _____

**LENGTH:** _____  **RING SIZE:** _____

**SHAPE:** _____  **BUY AGAIN?** _____

AFFIX CIGAR LABEL HERE

| RATING |
|---|
| ☆☆☆☆☆ |

FULL
MED/FULL
MEDIUM
MILD
LIGHT

| FLAVOR CHART 0=LEAST 5=MOST | | | | | | |
|---|---|---|---|---|---|---|
| BITTER | | | | | | |
| CHOCOLATE | | | | | | |
| EARTHY | | | | | | |
| FRUITY | | | | | | |
| HERBAL | | | | | | |
| LEATHER | | | | | | |
| NUTTY | | | | | | |
| SPICY | | | | | | |
| SWEET | | | | | | |
| TOFFEE | | | | | | |
| TROPICAL | | | | | | |
| VANILLA | | | | | | |
| WOODY | | | | | | |

# TASTE NOTES

**A Cigar IN HAND IS BETTER THAN TWO IN THE HUMIDOR**

**CIGAR NAME:** _____

**MAKER:** _____  **PRICE:** _____

**ORIGIN:** _____  **DATE:** _____

**LENGTH:** _____  **RING SIZE:** _____

**SHAPE:** _____  **BUY AGAIN?** _____

### AFFIX CIGAR LABEL HERE

**RATING**
☆☆☆☆☆

FULL
MED/FULL
MEDIUM
MILD
LIGHT

| FLAVOR CHART 0=LEAST 5=MOST | | | | | | |
|---|---|---|---|---|---|---|
| BITTER | | | | | | |
| CHOCOLATE | | | | | | |
| EARTHY | | | | | | |
| FRUITY | | | | | | |
| HERBAL | | | | | | |
| LEATHER | | | | | | |
| NUTTY | | | | | | |
| SPICY | | | | | | |
| SWEET | | | | | | |
| TOFFEE | | | | | | |
| TROPICAL | | | | | | |
| VANILLA | | | | | | |
| WOODY | | | | | | |

**TASTE NOTES**

**CIGAR NAME:** _____

**MAKER:** _____  **PRICE:** _____

**ORIGIN:** _____  **DATE:** _____

**LENGTH:** _____  **RING SIZE:** _____

**SHAPE:** _____  **BUY AGAIN?** _____

*AFFIX CIGAR LABEL HERE*

| RATING |
|--------|
| ☆☆☆☆☆ |

FULL
MED/FULL
MEDIUM
MILD
LIGHT

| FLAVOR CHART 0=LEAST 5=MOST | | | | | | |
|---|---|---|---|---|---|---|
| BITTER | | | | | | |
| CHOCOLATE | | | | | | |
| EARTHY | | | | | | |
| FRUITY | | | | | | |
| HERBAL | | | | | | |
| LEATHER | | | | | | |
| NUTTY | | | | | | |
| SPICY | | | | | | |
| SWEET | | | | | | |
| TOFFEE | | | | | | |
| TROPICAL | | | | | | |
| VANILLA | | | | | | |
| WOODY | | | | | | |

# TASTE NOTES

**CIGAR NAME:** _____

**MAKER:** _____  **PRICE:** _____

**ORIGIN:** _____  **DATE:** _____

**LENGTH:** _____  **RING SIZE:** _____

**SHAPE:** _____  **BUY AGAIN?** _____

### AFFIX CIGAR LABEL HERE

| RATING |
|---|
| ☆ ☆ ☆ ☆ ☆ |

**FULL**
**MED/FULL**
**MEDIUM**
**MILD**
**LIGHT**

| FLAVOR CHART 0=LEAST 5=MOST | | | | | |
|---|---|---|---|---|---|
| BITTER | | | | | |
| CHOCOLATE | | | | | |
| EARTHY | | | | | |
| FRUITY | | | | | |
| HERBAL | | | | | |
| LEATHER | | | | | |
| NUTTY | | | | | |
| SPICY | | | | | |
| SWEET | | | | | |
| TOFFEE | | | | | |
| TROPICAL | | | | | |
| VANILLA | | | | | |
| WOODY | | | | | |

**TASTE NOTES**

**REAL MEN SMOKE CIGARS**

**CIGAR NAME:** _____

**MAKER:** _____  **PRICE:** _____

**ORIGIN:** _____  **DATE:** _____

**LENGTH:** _____  **RING SIZE:** _____

**SHAPE:** _____  **BUY AGAIN?** _____

### AFFIX CIGAR LABEL HERE

**RATING**
☆☆☆☆☆

FULL
MED/FULL
MEDIUM
MILD
LIGHT

| FLAVOR CHART 0=LEAST 5=MOST | | | | | | |
|---|---|---|---|---|---|---|
| BITTER | | | | | | |
| CHOCOLATE | | | | | | |
| EARTHY | | | | | | |
| FRUITY | | | | | | |
| HERBAL | | | | | | |
| LEATHER | | | | | | |
| NUTTY | | | | | | |
| SPICY | | | | | | |
| SWEET | | | | | | |
| TOFFEE | | | | | | |
| TROPICAL | | | | | | |
| VANILLA | | | | | | |
| WOODY | | | | | | |

# TASTE NOTES

**IF IT INVOLVES Cigars COUNT ME IN**

**CIGAR NAME:** _____

**MAKER:** _____  **PRICE:** _____

**ORIGIN:** _____  **DATE:** _____

**LENGTH:** _____  **RING SIZE:** _____

**SHAPE:** _____  **BUY AGAIN?** _____

## AFFIX CIGAR LABEL HERE

| RATING |
|---|
| ☆ ☆ ☆ ☆ ☆ |

FULL
MED/FULL
MEDIUM
MILD
LIGHT

| FLAVOR CHART 0=LEAST 5=MOST | | | | | | |
|---|---|---|---|---|---|---|
| BITTER | | | | | | |
| CHOCOLATE | | | | | | |
| EARTHY | | | | | | |
| FRUITY | | | | | | |
| HERBAL | | | | | | |
| LEATHER | | | | | | |
| NUTTY | | | | | | |
| SPICY | | | | | | |
| SWEET | | | | | | |
| TOFFEE | | | | | | |
| TROPICAL | | | | | | |
| VANILLA | | | | | | |
| WOODY | | | | | | |

# TASTE NOTES

**I'M FULL BODIED & A LITTLE LEATHERY... LIKE A FINE Cigar**

**CIGAR NAME:** _____

**MAKER:** _____  **PRICE:** _____

**ORIGIN:** _____  **DATE:** _____

**LENGTH:** _____  **RING SIZE:** _____

**SHAPE:** _____  **BUY AGAIN?** _____

### AFFIX CIGAR LABEL HERE

| RATING |
|---|
| ☆☆☆☆☆ |

FULL
MED/FULL
MEDIUM
MILD
LIGHT

| FLAVOR CHART 0=LEAST 5=MOST | | | | | |
|---|---|---|---|---|---|
| BITTER | | | | | |
| CHOCOLATE | | | | | |
| EARTHY | | | | | |
| FRUITY | | | | | |
| HERBAL | | | | | |
| LEATHER | | | | | |
| NUTTY | | | | | |
| SPICY | | | | | |
| SWEET | | | | | |
| TOFFEE | | | | | |
| TROPICAL | | | | | |
| VANILLA | | | | | |
| WOODY | | | | | |

## TASTE NOTES

**Cigar aficionado**

**CIGAR NAME:** _____

**MAKER:** _____  **PRICE:** _____

**ORIGIN:** _____  **DATE:** _____

**LENGTH:** _____  **RING SIZE:** _____

**SHAPE:** _____  **BUY AGAIN?** _____

### AFFIX CIGAR LABEL HERE

### RATING
☆ ☆ ☆ ☆ ☆

- FULL
- MED/FULL
- MEDIUM
- MILD
- LIGHT

| FLAVOR CHART 0=LEAST 5=MOST | | | | | | |
|---|---|---|---|---|---|---|
| BITTER | | | | | | |
| CHOCOLATE | | | | | | |
| EARTHY | | | | | | |
| FRUITY | | | | | | |
| HERBAL | | | | | | |
| LEATHER | | | | | | |
| NUTTY | | | | | | |
| SPICY | | | | | | |
| SWEET | | | | | | |
| TOFFEE | | | | | | |
| TROPICAL | | | | | | |
| VANILLA | | | | | | |
| WOODY | | | | | | |

# TASTE NOTES

**CIGAR NAME:** _____

**MAKER:** _____  **PRICE:** _____

**ORIGIN:** _____  **DATE:** _____

**LENGTH:** _____  **RING SIZE:** _____

**SHAPE:** _____  **BUY AGAIN?** _____

## AFFIX CIGAR LABEL HERE

| RATING |
|--------|
| ☆☆☆☆☆ |

FULL
MED/FULL
MEDIUM
MILD
LIGHT

| FLAVOR CHART 0=LEAST 5=MOST | | | | | |
|---|---|---|---|---|---|
| BITTER | | | | | |
| CHOCOLATE | | | | | |
| EARTHY | | | | | |
| FRUITY | | | | | |
| HERBAL | | | | | |
| LEATHER | | | | | |
| NUTTY | | | | | |
| SPICY | | | | | |
| SWEET | | | | | |
| TOFFEE | | | | | |
| TROPICAL | | | | | |
| VANILLA | | | | | |
| WOODY | | | | | |

# TASTE NOTES

**A Cigar IN HAND IS BETTER THAN TWO IN THE HUMIDOR**

**CIGAR NAME:** _____

**MAKER:** _____  **PRICE:** _____

**ORIGIN:** _____  **DATE:** _____

**LENGTH:** _____  **RING SIZE:** _____

**SHAPE:** _____  **BUY AGAIN?** _____

### AFFIX CIGAR LABEL HERE

| RATING |
|---|
| ☆☆☆☆☆ |

**FULL**

**MED/FULL**

**MEDIUM**

**MILD**

**LIGHT**

| FLAVOR CHART 0=LEAST 5=MOST | | | | | | |
|---|---|---|---|---|---|---|
| BITTER | | | | | | |
| CHOCOLATE | | | | | | |
| EARTHY | | | | | | |
| FRUITY | | | | | | |
| HERBAL | | | | | | |
| LEATHER | | | | | | |
| NUTTY | | | | | | |
| SPICY | | | | | | |
| SWEET | | | | | | |
| TOFFEE | | | | | | |
| TROPICAL | | | | | | |
| VANILLA | | | | | | |
| WOODY | | | | | | |

**TASTE NOTES**

**CIGAR NAME:** _____

**MAKER:** _____  **PRICE:** _____

**ORIGIN:** _____  **DATE:** _____

**LENGTH:** _____  **RING SIZE:** _____

**SHAPE:** _____  **BUY AGAIN?** _____

### AFFIX CIGAR LABEL HERE

**RATING**
☆☆☆☆☆

FULL
MED/FULL
MEDIUM
MILD
LIGHT

| FLAVOR CHART 0=LEAST 5=MOST | | | | | |
|---|---|---|---|---|---|
| BITTER | | | | | |
| CHOCOLATE | | | | | |
| EARTHY | | | | | |
| FRUITY | | | | | |
| HERBAL | | | | | |
| LEATHER | | | | | |
| NUTTY | | | | | |
| SPICY | | | | | |
| SWEET | | | | | |
| TOFFEE | | | | | |
| TROPICAL | | | | | |
| VANILLA | | | | | |
| WOODY | | | | | |

# TASTE NOTES

**CIGAR NAME:** _____

**MAKER:** _____  **PRICE:** _____

**ORIGIN:** _____  **DATE:** _____

**LENGTH:** _____  **RING SIZE:** _____

**SHAPE:** _____  **BUY AGAIN?** _____

### AFFIX CIGAR LABEL HERE

## RATING
☆☆☆☆☆

FULL
MED/FULL
MEDIUM
MILD
LIGHT

| FLAVOR CHART 0=LEAST 5=MOST | | | | | | |
|---|---|---|---|---|---|---|
| BITTER | | | | | | |
| CHOCOLATE | | | | | | |
| EARTHY | | | | | | |
| FRUITY | | | | | | |
| HERBAL | | | | | | |
| LEATHER | | | | | | |
| NUTTY | | | | | | |
| SPICY | | | | | | |
| SWEET | | | | | | |
| TOFFEE | | | | | | |
| TROPICAL | | | | | | |
| VANILLA | | | | | | |
| WOODY | | | | | | |

**TASTE NOTES**

**REAL MEN SMOKE CIGARS**

**CIGAR NAME:** _____

**MAKER:** _____  **PRICE:** _____

**ORIGIN:** _____  **DATE:** _____

**LENGTH:** _____  **RING SIZE:** _____

**SHAPE:** _____  **BUY AGAIN?** _____

### AFFIX CIGAR LABEL HERE

| RATING |
|--------|
| ☆☆☆☆☆ |

- FULL
- MED/FULL
- MEDIUM
- MILD
- LIGHT

| FLAVOR CHART 0=LEAST 5=MOST | | | | | | |
|---|---|---|---|---|---|---|
| BITTER | | | | | | |
| CHOCOLATE | | | | | | |
| EARTHY | | | | | | |
| FRUITY | | | | | | |
| HERBAL | | | | | | |
| LEATHER | | | | | | |
| NUTTY | | | | | | |
| SPICY | | | | | | |
| SWEET | | | | | | |
| TOFFEE | | | | | | |
| TROPICAL | | | | | | |
| VANILLA | | | | | | |
| WOODY | | | | | | |

**TASTE NOTES**

**CIGAR NAME:** _____

**MAKER:** _____   **PRICE:** _____

**ORIGIN:** _____   **DATE:** _____

**LENGTH:** _____   **RING SIZE:** _____

**SHAPE:** _____   **BUY AGAIN?** _____

### AFFIX CIGAR LABEL HERE

**RATING**
☆☆☆☆☆

FULL
MED/FULL
MEDIUM
MILD
LIGHT

| FLAVOR CHART 0=LEAST 5=MOST | | | | | | |
|---|---|---|---|---|---|---|
| BITTER | | | | | | |
| CHOCOLATE | | | | | | |
| EARTHY | | | | | | |
| FRUITY | | | | | | |
| HERBAL | | | | | | |
| LEATHER | | | | | | |
| NUTTY | | | | | | |
| SPICY | | | | | | |
| SWEET | | | | | | |
| TOFFEE | | | | | | |
| TROPICAL | | | | | | |
| VANILLA | | | | | | |
| WOODY | | | | | | |

# TASTE NOTES

**I'M FULL BODIED & A LITTLE LEATHERY... LIKE A FINE Cigar**

**CIGAR NAME:** _____

**MAKER:** _____  **PRICE:** _____

**ORIGIN:** _____  **DATE:** _____

**LENGTH:** _____  **RING SIZE:** _____

**SHAPE:** _____  **BUY AGAIN?** _____

### AFFIX CIGAR LABEL HERE

| RATING |
|---|
| ☆ ☆ ☆ ☆ ☆ |

FULL
MED/FULL
MEDIUM
MILD
LIGHT

| FLAVOR CHART 0=LEAST 5=MOST | | | | | |
|---|---|---|---|---|---|
| BITTER | | | | | |
| CHOCOLATE | | | | | |
| EARTHY | | | | | |
| FRUITY | | | | | |
| HERBAL | | | | | |
| LEATHER | | | | | |
| NUTTY | | | | | |
| SPICY | | | | | |
| SWEET | | | | | |
| TOFFEE | | | | | |
| TROPICAL | | | | | |
| VANILLA | | | | | |
| WOODY | | | | | |

# TASTE NOTES

# Cigar aficionado

**CIGAR NAME:** _____

**MAKER:** _____   **PRICE:** _____

**ORIGIN:** _____   **DATE:** _____

**LENGTH:** _____   **RING SIZE:** _____

**SHAPE:** _____   **BUY AGAIN?** _____

### AFFIX CIGAR LABEL HERE

### RATING
☆☆☆☆☆

- FULL
- MED/FULL
- MEDIUM
- MILD
- LIGHT

| FLAVOR CHART 0=LEAST 5=MOST | | | | | |
|---|---|---|---|---|---|
| BITTER | | | | | |
| CHOCOLATE | | | | | |
| EARTHY | | | | | |
| FRUITY | | | | | |
| HERBAL | | | | | |
| LEATHER | | | | | |
| NUTTY | | | | | |
| SPICY | | | | | |
| SWEET | | | | | |
| TOFFEE | | | | | |
| TROPICAL | | | | | |
| VANILLA | | | | | |
| WOODY | | | | | |

"There's something about smoking a cigar that feels like a celebration. It's like a fine wine. There's a quality, a workmanship, a passion that goes into the smoking of a fine cigar."

Demi Moore

Manufactured by Amazon.ca
Bolton, ON